2025年3月21日　初版第一刷発行

モデル　樋口裕太
カメラマン　高橋慶佑
スタイリスト　岩田友裕
ヘアメイク　太田夢子（株式会社 earch）

マネジメント　イトーカンパニー

プロデュース　斉藤弘光（株式会社 G－STYLE）
デザイン　山根悠介（Transworld Japan Inc.）

発行者　斉藤弘光
発行元　株式会社 G－STYLE
〒170-0012　東京都豊島区上池袋 3-39-25
TEL・FAX：03-5980-8642
印刷・製本　株式会社グラフィック

ISBN 978-4-86256-403-0
2025 Printed in Japan
©Transworld Japan Inc.

○定価はカバーに表示されています。
○本書の全部または一部を、著作権法で認められた範囲を超えて無断で複写、複製、転載、あるいはデジタル化を禁じます。
○乱丁・落丁本は小社送料負担にてお取り替えいたします。